My First Encyclopedia
我的第一套视觉百科

我的第一套视觉百科

人体

张功学◎主编

陕西新华出版传媒集团
未来出版社

前言

对自我的认知与探索,是人类的本能。即便是在科学技术日新月异的今天,面对自己的身体,我们仍有很多未解之谜。

我们长什么样,自己是胖还是瘦、是高还是矮、是健康还是处于疾病中?这些我们都可以通过一些测量方式,或者凭借我们自身的感受就能得知。但是,你可曾想过:我从哪里来?我为什么可以长大?我为什么会生病?皮肤破了为什么会流血?这些在我们日常生活中习以为常的疑问和现象,如果你多了一些疑惑和思考,那说明你已经开始了对自己的认知和探索。

了解自己的身体后,你会发现原来生命竟是这样奇异,你会发现大自然原来这般神奇。除了自然界的衍生,还有什么能造出人体这般精密、有血有肉的"仪器"?

还在等什么,快带着你那尚未解开的谜题,打开这本书,一起来寻找答案吧!

 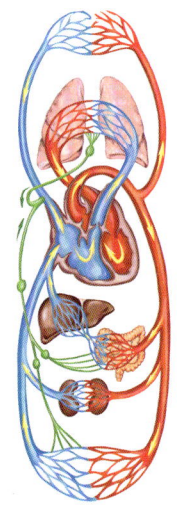 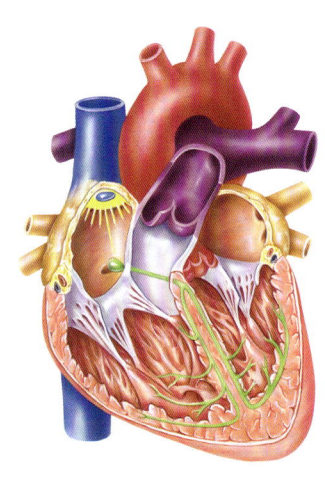

目 录

我们的身体……………………………………1

人体细胞………………………………………2

我们从哪里来…………………………………4

人的一生………………………………………6

器官和系统……………………………………8

人体指挥官……………………………………10

人体"发动机"…………………………………12

"肝胆相照"……………………………………14

呼吸通道………………………………………16

消化与吸收……………………………………18

人体"下水道"…………………………………20

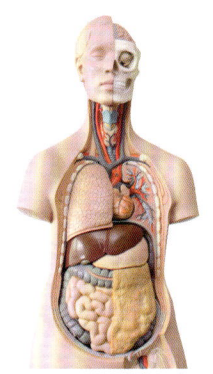

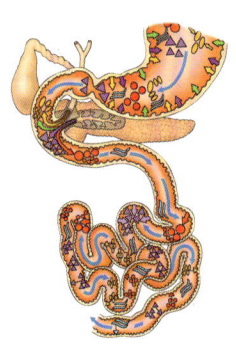

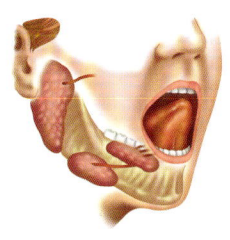

人体支架 …………………………………… 22

弹性的肌肉 ………………………………… 24

血液和血管 ………………………………… 26

皮肤和毛发 ………………………………… 28

"眼耳口鼻"各有用 ………………………… 30

手和脚 ……………………………………… 32

人体"防护墙" ……………………………… 34

人体所需的营养物质 ……………………… 36

人为什么会生病 …………………………… 38

治疗疾病 …………………………………… 40

接种疫苗 …………………………………… 42

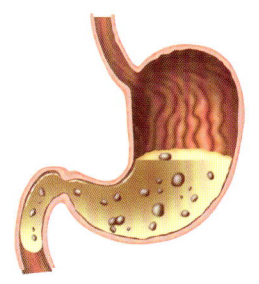

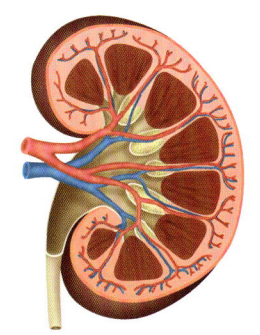

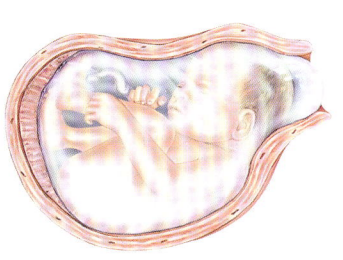

我们的身体

我们的身体像一个巨大的机器,由许多"零件"组成。这些"零件"各自发挥着不同的作用,之间相互配合,我们的身体系统才可以正常运转。让我们一起来认识自己的身体吧!

外部结构

我们的身体由头、颈、躯干、四肢这几部分组成,在这些部位表面还有毛发、指甲、皮肤等附着物。

内部结构

人体除了外部主要结构,皮肤、皮下组织、肌肉、骨骼、各类器官则是人体的内部主要结构。

四肢:四肢分为一对上肢和一对下肢。
上肢:上肢分为上臂、前臂和手三个部分。
臂和肘:上臂、前臂合称臂,二者相连处后面的凸起部分为肘。
肩和腋:上肢和躯干相连部分的上面叫肩,下面叫腋。
下肢:下肢分为大腿、小腿和足三部分。
膝和腘:大腿和小腿相连部分的前面叫膝,后面凹进去的部分叫腘。
腹股沟:下肢和躯干相连部分前面的凹沟叫腹股沟。
臀:身体背面腰部以下、大腿以上隆起的部分叫臀。

人体细胞

人体的各种细胞不仅是构成人体的基本单位，它还能表现出分裂、生长、衰老、死亡等生命现象，连人体对环境的适应性都和细胞有着密切关系。

▲ 动物细胞结构图（细胞质、细胞核、细胞膜）

各有分工的细胞

地球上的生物除了病毒外，几乎都由细胞构成。人体也是一个细胞集合体，这些数量庞大的细胞不仅大小不同，形态、作用也千差万别。

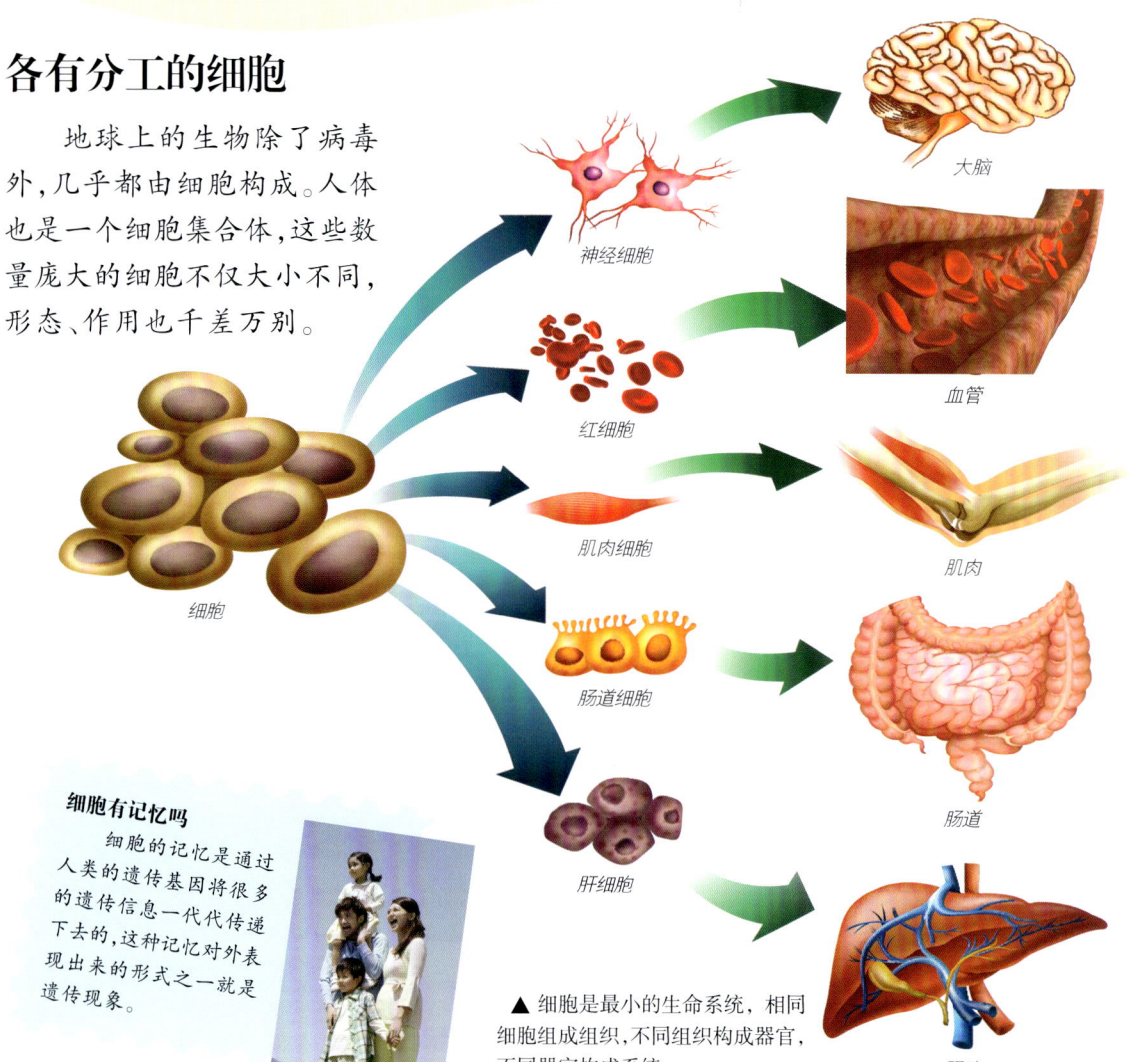

神经细胞 → 大脑
红细胞 → 血管
肌肉细胞 → 肌肉
肠道细胞 → 肠道
肝细胞 → 肝脏

▲ 细胞是最小的生命系统，相同细胞组成组织，不同组织构成器官，不同器官构成系统

细胞有记忆吗

细胞的记忆是通过人类的遗传基因将很多的遗传信息一代代传递下去的，这种记忆对外表现出来的形式之一就是遗传现象。

看不见的细胞

人体中绝大多数细胞都非常微小,需要借助显微镜才能看清楚。它们不仅很难看到,而且数量惊人,大约有40万亿~60万亿个。

▶ 显微镜下的人体细胞

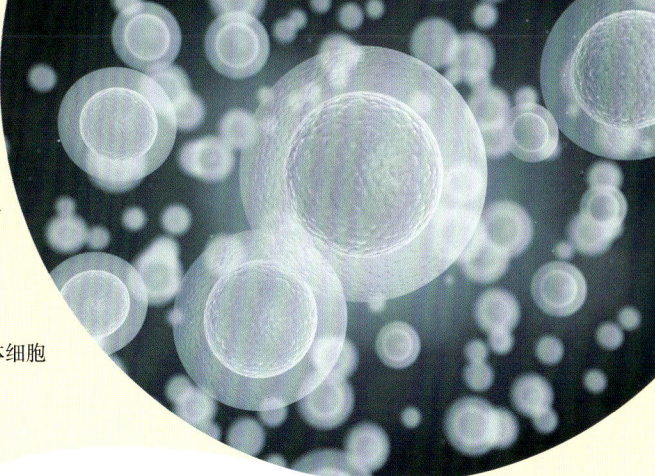

细胞也有寿命

细胞要生存,就需要营养和能量,而这是通过我们的饮食、呼吸等形式来完成的。细胞也是一个个的生命体,不同的细胞寿命也各不相同,比如人的味蕾细胞寿命约为10天,大脑、骨髓、眼睛里的神经细胞寿命能有几十年。

◀ 神经细胞

细胞会增殖

人体那么多的细胞是怎么来的?原来,细胞是通过自身的分裂和分化来生成新的细胞,这叫细胞增殖,它是人体生长、发育、繁殖和遗传的基础。

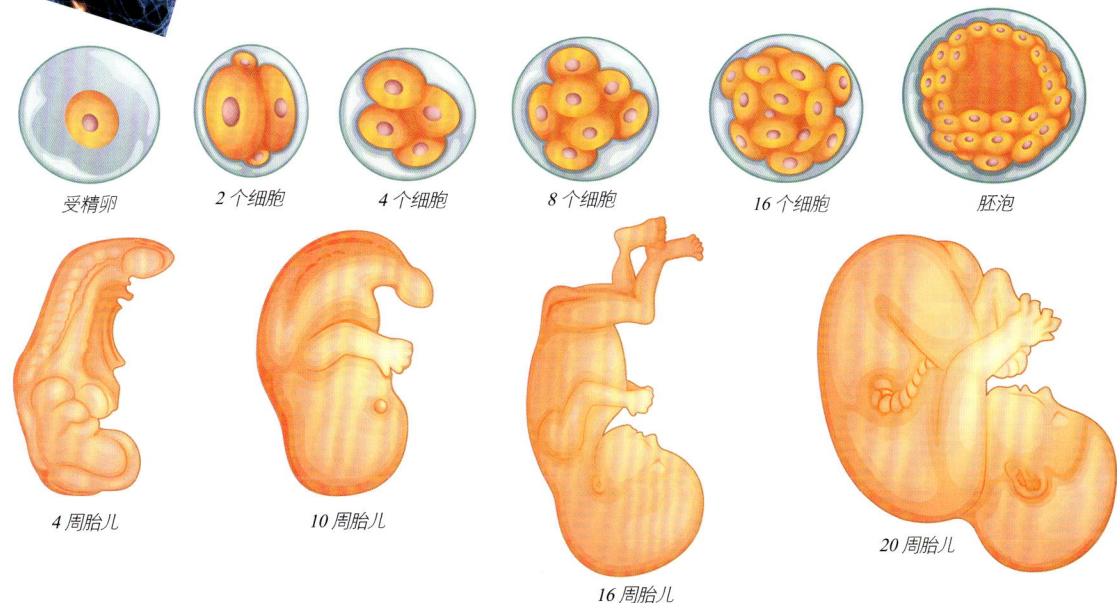

受精卵　　2个细胞　　4个细胞　　8个细胞　　16个细胞　　胚泡

4周胎儿　　10周胎儿　　16周胎儿　　20周胎儿

▲ 在子宫中不同发育时期的胎儿

细胞会衰老

细胞和人一样是有生命周期的,它们会经历未分化、分化、生长、成熟、衰老和死亡。死亡细胞通常会自动被人体清除,新生成的细胞则会继续维持人体正常活动。

▶ 人类衰老是人体内的细胞数量和活力不断衰减导致的

我们从哪里来

一粒种子居然可以长成大树；一只小鸟居然能从蛋壳里孵出，是不是很神奇？这就是生命的魅力，从无到有，从小到大。那么，我们每个人又是从哪里来的呢？

一粒生命种子

每个生命个体都是从一粒小小的生命种子萌发的。我们人类的生命种子就是一枚来自妈妈体内的受精卵，它携带了父母给我们的所有遗传信息。

精子：精子是包括人类在内很多动物的雄性生殖细胞，由精子细胞发育而成，大多数动物的精子都有蝌蚪状的外形。除了动物，植物也有精子，比如花粉。

卵子：动物和种子植物都会产生卵子，它是雌性生物的生殖细胞，通常为球形，里面有一个核，外面包着一层卵黄膜。精子进入卵子的过程，称为受精过程，两者结合后形成一个受精卵。

种子的孕育

受精卵由来自父亲的精子和来自母亲的卵子结合而成，它来之不易又充满偶然。怀孕就是这粒生命的种子在母亲体内孕育成形的过程。

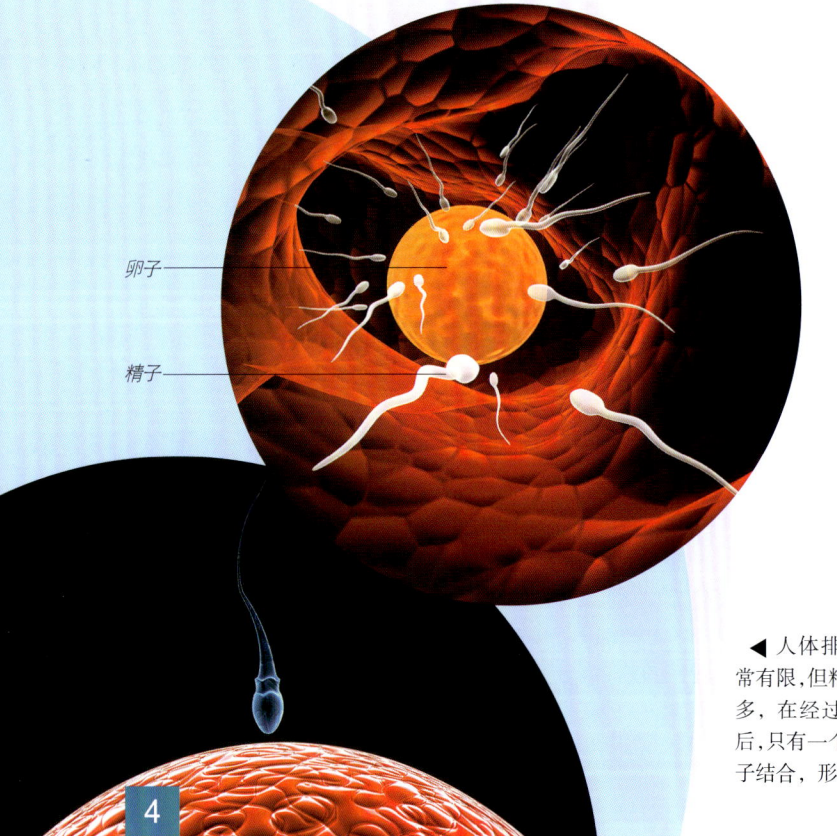

◀ 人体排出的卵子非常有限，但精子的数量很多，在经过激烈的竞争后，只有一个精子能与卵子结合，形成受精卵

胚胎发育期

人类胚胎发育期就是母亲们大约十个月的怀胎期，这期间我们身体里的各个系统和各种器官，都会在胚胎发育中逐步形成。

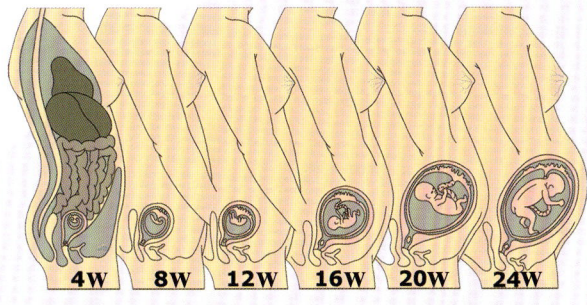
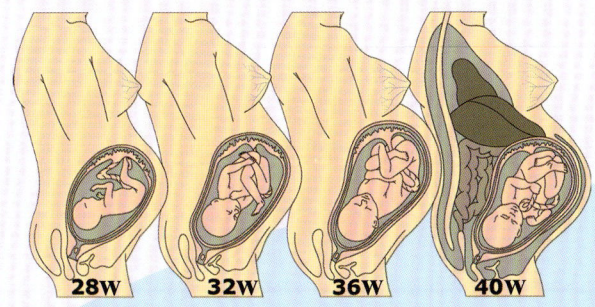

▲ 胚胎在妈妈腹中发育成胎儿

十月怀胎

十月怀胎指从妈妈最后一次月经起，直到婴儿分娩的这段时间，大致是280天。在此期间，胎儿除了通过脐带和胎盘从妈妈体内获取氧气及营养物质外，还可以独立完成不少动作。

◀ 子宫中的胎儿

呱呱落地

妈妈们在怀孕后期经常能感受到胎儿在腹中各种的"顽皮捣蛋"，这其实也意味着一个发育完善的新生命已经形成。当他/她呱呱落地后，就成为真正的生命个体了。

▼ 刚刚出生的婴儿

人的一生

人的一生是身体各个器官、组织、系统从稚弱发展到成熟再到衰老,直到生命终结的过程。身体的成长与衰老,事实上就是人体细胞从充满活力到失去活力的外在反应。

婴幼儿时期

人类婴幼儿时期的生长发育速度是人一生中最快的阶段,也是人类为健康的身体打基础的关键时期,因为人类身体器官的完善基本都在这一阶段完成。

第二性特征

第二性特征是指除了性器官,从身体外部就能看出来的两性差异,比如男孩长胡须、女孩乳房突出。当然,还有第一性特征,这是指男孩女孩在身体构造上,特别是性器官上与生俱来的差异。

儿童时期

儿童时期是人由幼儿向青少年转变的过渡期,这个时期的孩子年龄偏小,身体各器官得到一定发育但仍然比较稚嫩,生长发育的速度会比婴幼儿时期稍慢。

青春期

青春期的男孩和女孩在身体发育上会出现明显的变化，除了性器官发育迅速，第二性特征也越来越明显，比如男孩开始变声、出现遗精，女孩开始月经初潮等。

青壮年期

进入青壮年期，人体已经处于人生的巅峰状态，不仅身体强壮精力旺盛，而且也开始积累了一定的人生阅历。

良好的心态

人生每个阶段都有不同的精彩，虽然身体会从全新发展到巅峰再到逐渐衰老，但我们的阅历却变得越来越丰厚。无论在哪个阶段，我们都要有热爱生活、热爱生命的良好心态。

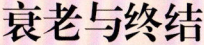

衰老与终结

衰老是一种自然规律，是人体细胞、器官功能退化、弱化的结果。当我们身体里的细胞完全失去了活力，生命也就走到了终点。

器官和系统

人体由无数个细胞构成。相同或类似的细胞结合成具有特定功能的组织，不同组织又形成器官，各器官相互配合才能形成人体的各项系统，完成人体的各类物质和能量的循环。

人体最大的器官

皮肤指身体表面包在肌肉外面的组织，是人体最大的器官，我们排汗、感知冷热都是通过皮肤来完成。有了皮肤，我们身体内部的各种组织和器官才得以免受外界环境的侵害。

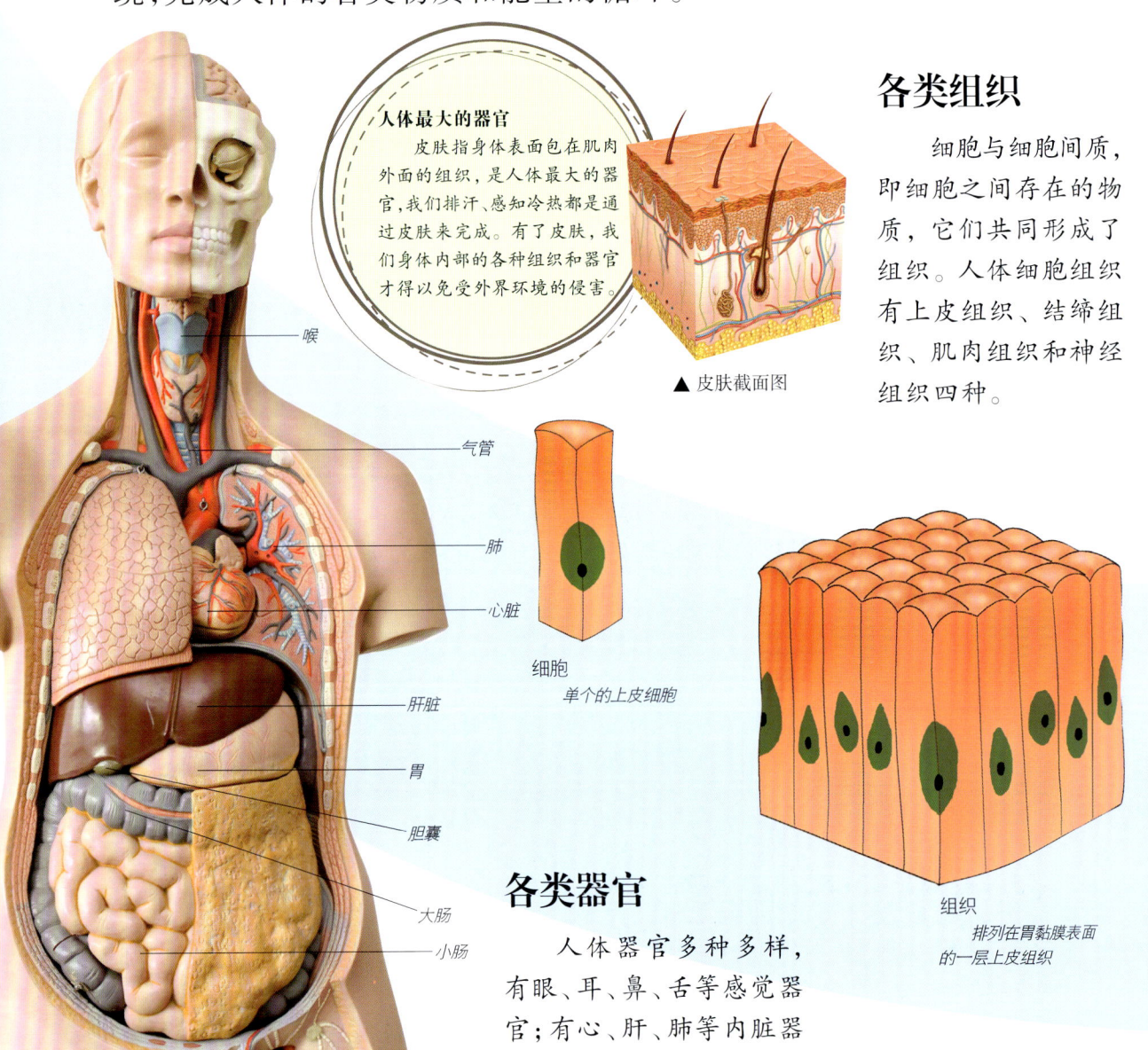

▲ 皮肤截面图

各类组织

细胞与细胞间质，即细胞之间存在的物质，它们共同形成了组织。人体细胞组织有上皮组织、结缔组织、肌肉组织和神经组织四种。

细胞
单个的上皮细胞

组织
排列在胃黏膜表面的一层上皮组织

▲ 人体的内部器官

（喉、气管、肺、心脏、肝脏、胃、胆囊、大肠、小肠）

各类器官

人体器官多种多样，有眼、耳、鼻、舌等感觉器官；有心、肝、肺等内脏器官；还有很多被人忽视的器官，如骨骼肌、皮肤等。

器官功能

不同的器官有不同的功能。人体器官主要有消化、神经、呼吸、泌尿、生殖、运动、循环、内分泌八种，这正好对应人体的八大系统。

◀ 暴饮暴食会加重器官负担

什么是系统

许多在结构和功能上密切相关的器官相互结合起来，能够共同执行某种特定的功能，这样的组合就称为系统。

移植器官

如果人体某个器官运行不正常或者受到了损伤，可以通过手术进行更换、移植，恢复人体正常运作。不过由于人和人的差异，有时器官接受者会出现对移植器官的排斥现象。

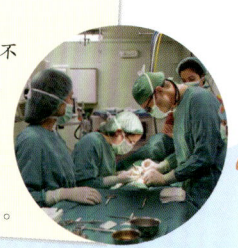

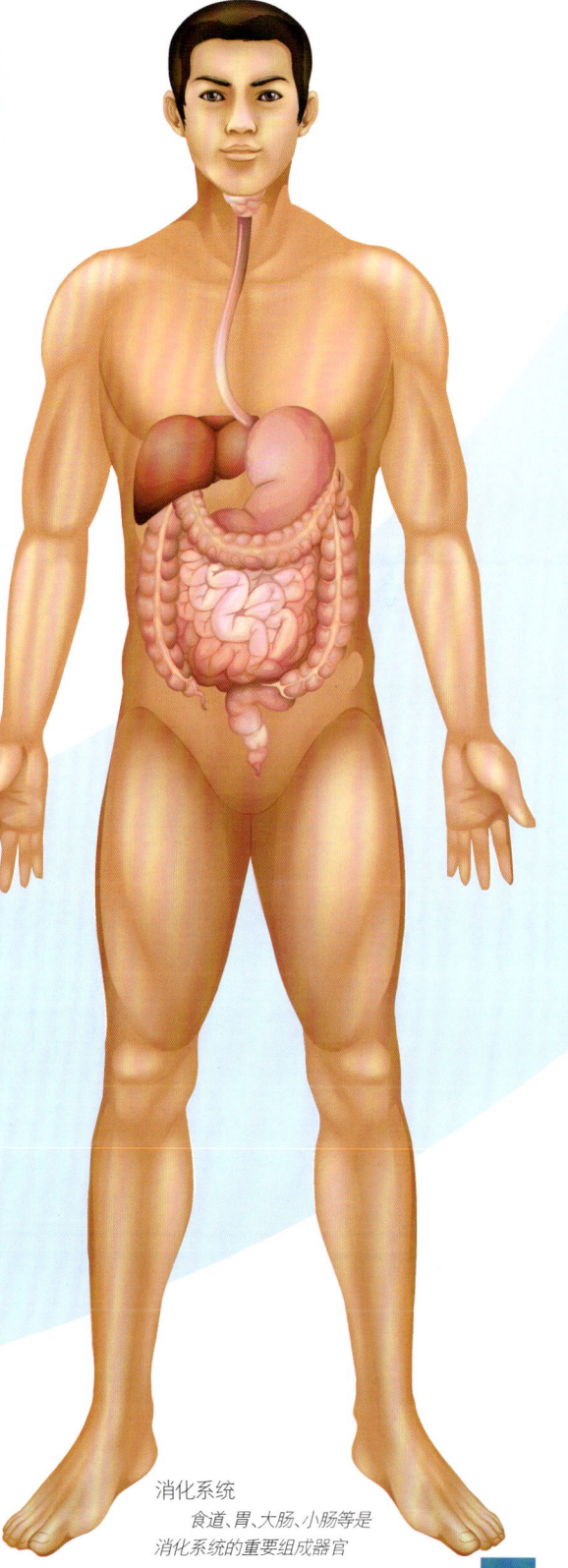

胃
胃是人体消化系统中的重要器官

消化系统
食道、胃、大肠、小肠等是消化系统的重要组成器官

系统种类

按照功能的不同，系统通常分为运动、神经、内分泌、血液循环、呼吸、消化、泌尿和生殖八个大项。也有说法将这八个大项和免疫系统合起来，统称人体的九大系统。

人体指挥官

人脑是中枢神经系统的主要部分,位于颅腔内,是非常发达的人体器官,可分为大脑、小脑、间脑和脑干四部分。大脑是人体各个系统的总指挥官,小脑主要维持人体的平衡、协调运动。

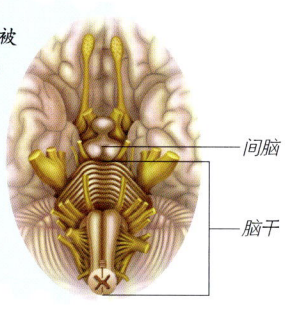

间脑:间脑位于脑干之上,一般被分为背侧丘脑(又叫丘脑)、上丘脑、后丘脑、底丘脑和下丘脑五个部分。

脑干:脑干位于大脑下方,是大脑和脊髓之间的较小部分,自下而上由延髓、脑桥和中脑三部分组成,延髓下面就连着脊髓。

神经系统组成

神经系统由人脑、脊髓和许多神经共同组成,前两者合称为中枢神经系统。它们发出的连接全身器官的神经网,称为外周神经系统。

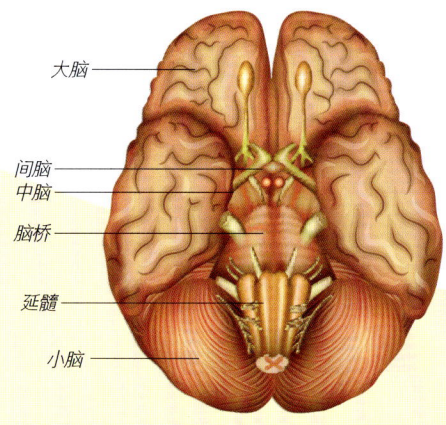

▲ 人脑主要结构

人脑主要结构

人脑由大脑、间脑、中脑、脑桥、延髓和小脑六个部分组成。其中大脑又叫端脑,是人体神经中枢,分为左右两个脑半球。

▲ 遍布全身的神经网

超容量的人脑

人脑看上去就像一团核桃仁状的柔软物质。它上面有上百亿个神经元细胞，这些细胞连接成一个网络，可以传递信号。

小脑功能划分

如果从功能上划分，小脑可分为前庭小脑、脊髓小脑、大脑小脑三部分。其中，大脑小脑能帮助我们把各种精细动作做到准确无误。

◀ 小脑的位置
—— 小脑

小脑

小脑位于大脑半球后方，覆盖在脑桥和延髓之上，横跨在中脑和延髓之间，是人脑六个组成部分中仅次于端脑的第二大结构。

大脑供血不足

大脑消耗的能量约占人体所需全部能量的五分之一，因此它必须依靠血液为它提供充足的氧气和营养。如果因为缺氧而大脑供血不足，我们会感觉到头晕、不舒服。

维持身体平衡

小脑是调节人体运动的中枢，当人站立时，小脑会时时发出指令，调整人体姿势。人喝醉酒时，因为酒精麻痹了小脑，所以走起路来就会晃晃悠悠。

▲ 我们能够保持身体平衡，都是小脑的功劳

人体"发动机"

心脏位于胸部偏左侧,它的大小和每个人各自的拳头差不多。心脏每一秒都在我们的胸腔里跳动,就像一个发动机一样用自己的动力把血液输送到全身各处。

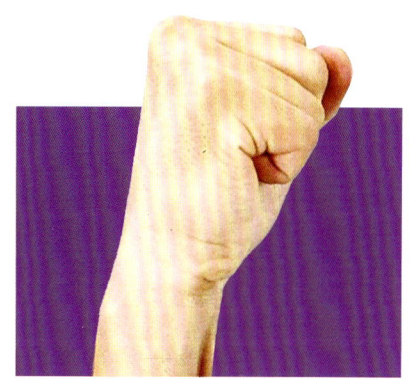

▲ 每个人心脏的大小和自己的拳头差不多

心室和心房

心脏的内部有两个心房,两个心室。左右心房和心室相互隔开,每一边的房和室之间有像门一样的瓣膜,控制血液向一个方向流动。

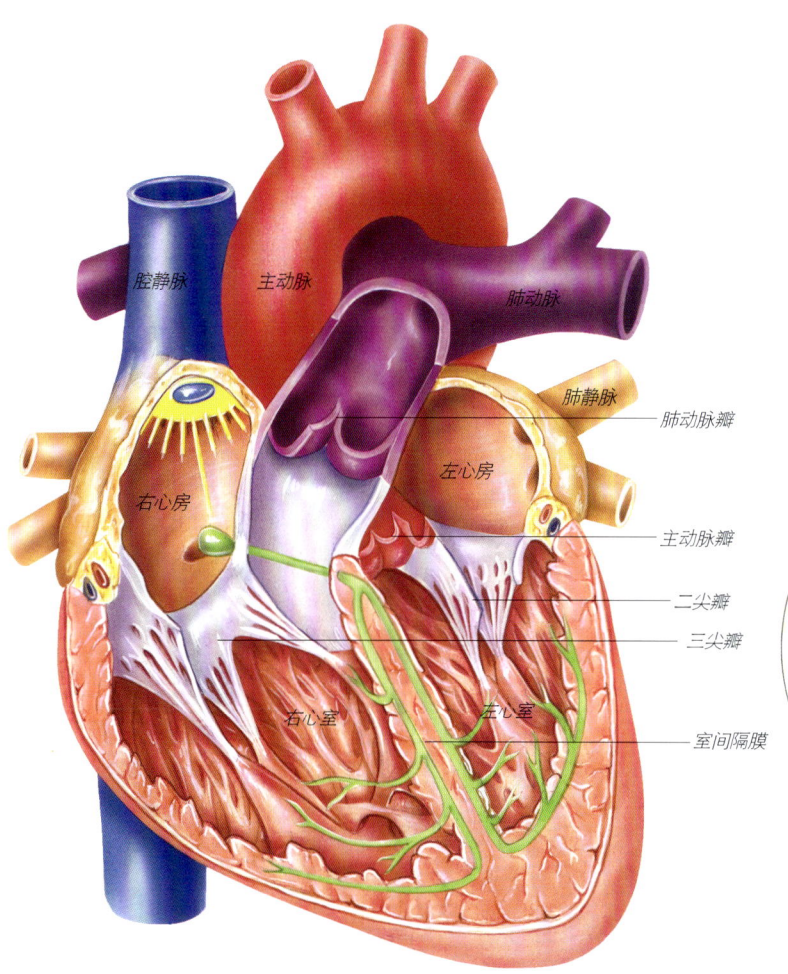

▲ 心脏的结构示意图

进入心脏的小门

每个人的心脏内都有四个瓣膜,这些瓣膜只向一个方向开,血液流过后,瓣膜就会自动关闭,并发出声音。

心肌

心肌是构成心脏的肌肉组织,由心肌细胞构成。这些心肌细胞组合成了功能不一的心肌,心肌相互配合、协调工作,我们的心脏才能收缩自如,充满活力,成为人体的"发动机"。

▲ 短柱状的心肌细胞

看图识"心"

医生用专门的仪器检测心脏的跳动，并形成心电图，从心电图上折线的变化就可以知道心脏的跳动有没有规律，从而确定心脏有没有疾病。一般来说，正常心电图上的折线都是有规律的。

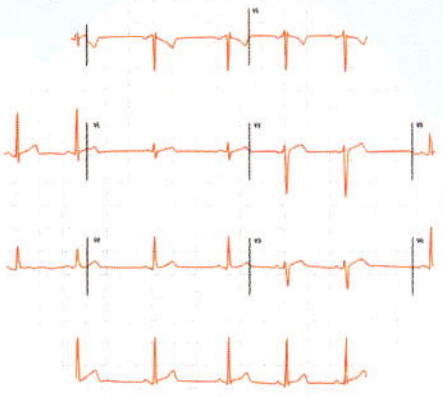

▲ 心电图

▼ 用听诊器检查心脏

心音

心脏是有声音的，医生通过听诊器可以听到心音。正常的心脏只有两个声音："咚——嗒、咚——嗒"，重复不停。

不同动物的心脏

在动物界，包括人类在内的哺乳类和鸟类都有两心房、两心室。爬行动物虽然也有两心房与两心室，但两心室之间未完全分隔；两栖类有两心房与一心室，鱼类则只有一心房与一心室。

青蛙的心脏

跳动的心脏

早在胎儿时期，人的心脏就开始出现并且跳动，而且这种跳动会一直保持着，为身体输送血液。人去世以后，心脏才会停止跳动。

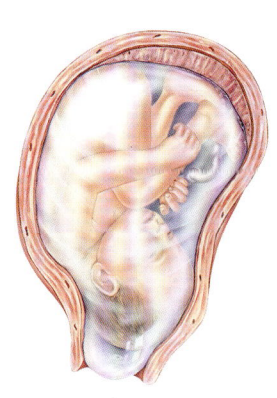

▲ 胎儿

"肝胆相照"

人体的新陈代谢每天都会产生大量的有毒代谢物，那这些代谢废物会对人体产生危害吗？危害当然会有，但是不用担心，因为人体自带一个巨大的解毒器官，这就是肝脏。在肝脏后面还有一个小器官，叫胆囊，它是人体消化食物的好帮手。

再生本领

肝脏有很强的再生能力，即使人体有一部分肝脏因为疾病被切除，用不了多久肝脏仍会生长成一个完整的。所以，肝脏移植是现代器官移植中较为普遍的一种手术。

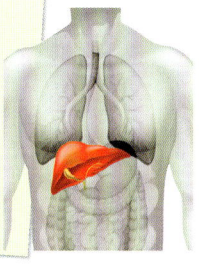

▲ 肝脏的位置

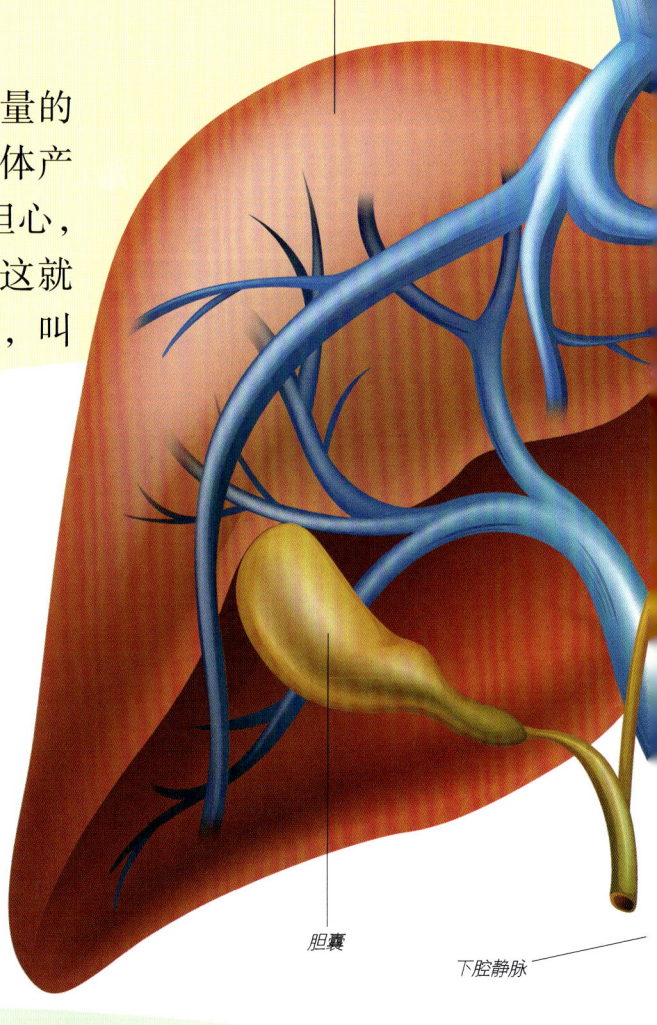

上腔静脉　肝右叶　胆囊　下腔静脉

合成蛋白质

肝脏是人体中最大的化工厂，我们身体需要的许多蛋白质都是由肝脏日夜不停地工作合成的。

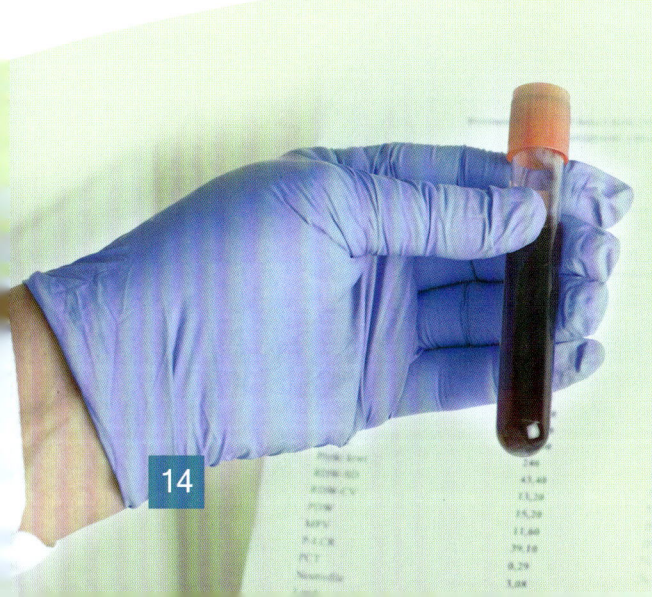

"肝胆相照"

胆囊正好位于肝脏右叶的胆囊窝内。从功能上看，胆囊是肝脏的好帮手，肝脏分泌的胆汁储存在胆囊内，一旦我们开始进食，胆囊就开始收缩，于是胆汁流入肠道，帮助脂肪的消化。

肝脏的重要性

肝脏是我们身体内非常重要的器官，我们通过检查血液中的几种转氨酶的含量，即肝功检查就可以确定肝脏是否可以正常工作。

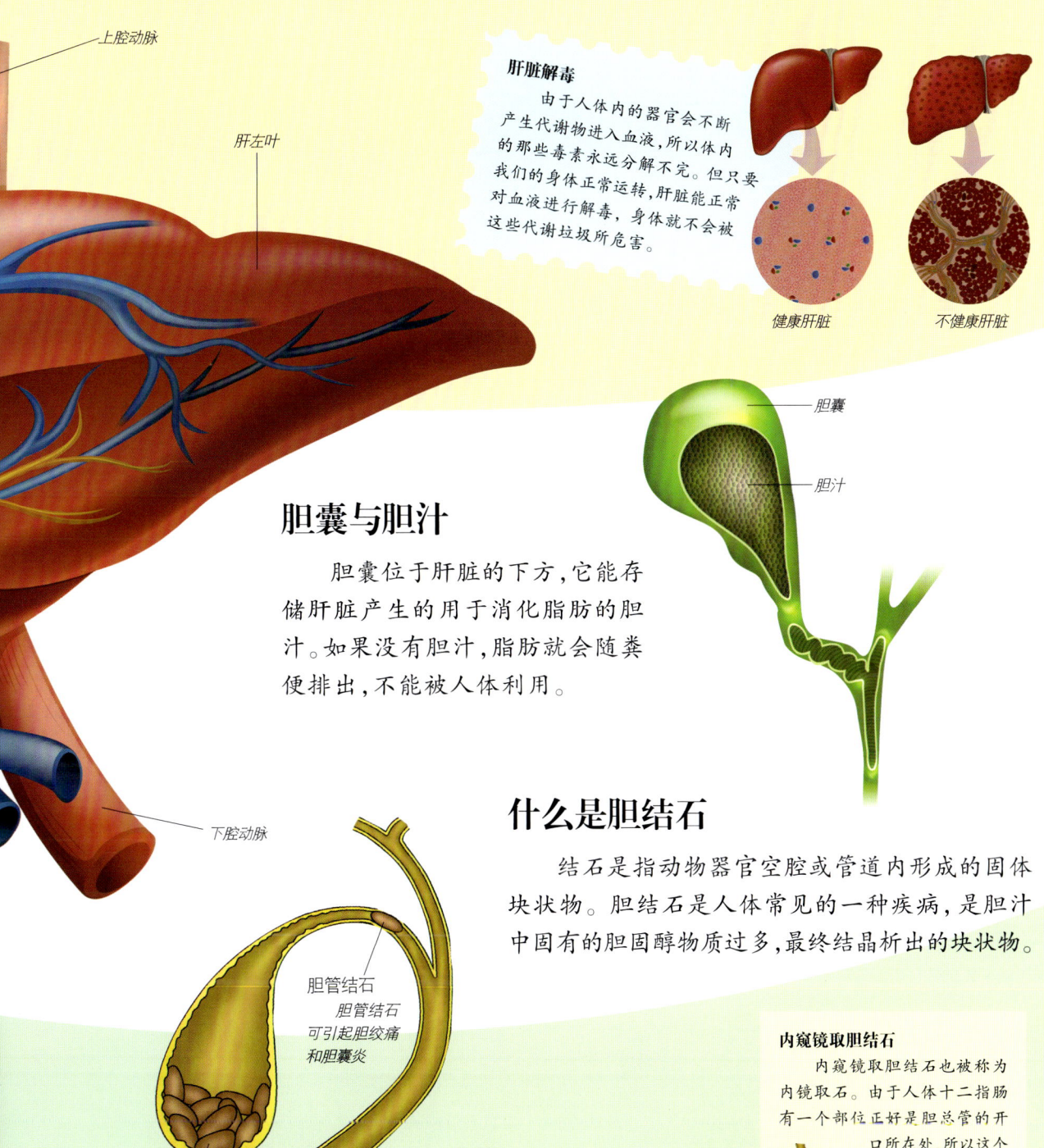

肝脏解毒

由于人体内的器官会不断产生代谢物进入血液，所以体内的那些毒素永远分解不完。但只要我们的身体正常运转，肝脏能正常对血液进行解毒，身体就不会被这些代谢垃圾所危害。

健康肝脏　　不健康肝脏

上腔动脉
肝左叶
下腔动脉
胆囊
胆汁

胆囊与胆汁

胆囊位于肝脏的下方，它能存储肝脏产生的用于消化脂肪的胆汁。如果没有胆汁，脂肪就会随粪便排出，不能被人体利用。

什么是胆结石

结石是指动物器官空腔或管道内形成的固体块状物。胆结石是人体常见的一种疾病，是胆汁中固有的胆固醇物质过多，最终结晶析出的块状物。

胆管结石
　胆管结石可引起胆绞痛和胆囊炎

胆囊结石

胆总管结石
　胆总管结石会引起发热、黄疸、腹痛，并称胆道三联症

内窥镜取胆结石

内窥镜取胆结石也被称为内镜取石。由于人体十二指肠有一个部位正好是胆总管的开口所在处，所以这个手术通常会将内窥镜通过口腔插入人体内，经过胃到十二指肠清除结石。

内窥镜
结石

呼吸通道

氧气是人体完成各种生命活动所需的重要物质，一旦缺氧，人几分钟内就可能死亡。我们每天都要吸入大量新鲜氧气，同时还要及时排除废气，这些工作就是靠人体呼吸系统来完成的。

呼吸系统

呼吸系统由气管等呼吸道器官和肺共同组成。当肺扩张时，外界的空气会通过气管进入人体；气体交换完成以后，肺通过收缩排出废气，这就是呼吸的过程。

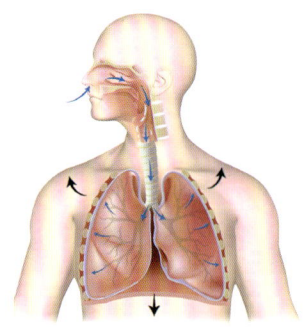
呼气时人体会将血液从各处带来的废气收集起来，排出人体

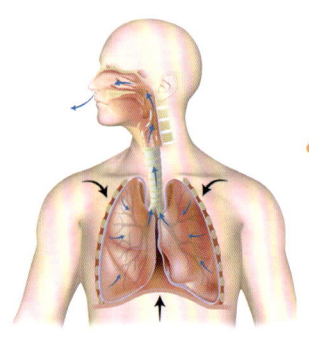
吸气时人体会将新鲜氧气通过血液送往人体各处

习以为常的呼吸

一次吸气加一次呼气就是一次呼吸，它的标志是胸部的一次起伏。人体每分钟呼吸的次数被称为呼吸频率。

◀ 呼吸

呼吸道

呼吸道分为上呼吸道（鼻、咽、喉）和下呼吸道（气管、主支气管和各级支气管），它们共同完成呼吸。

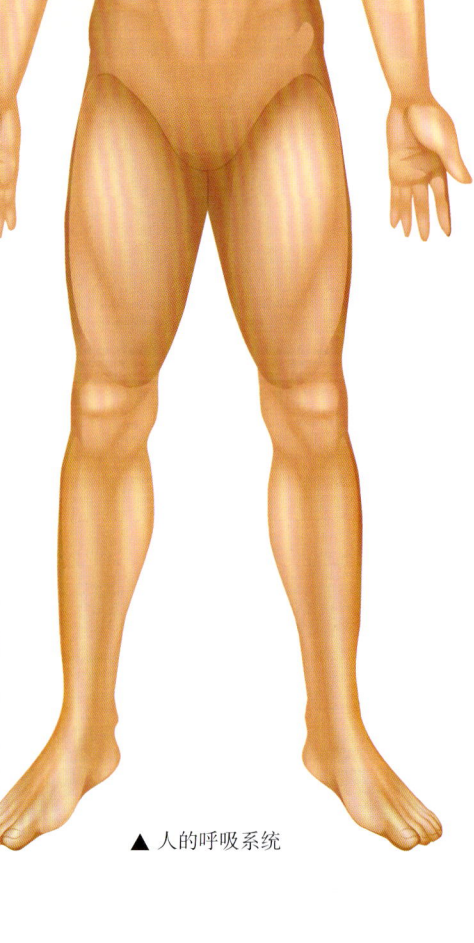
▲ 人的呼吸系统

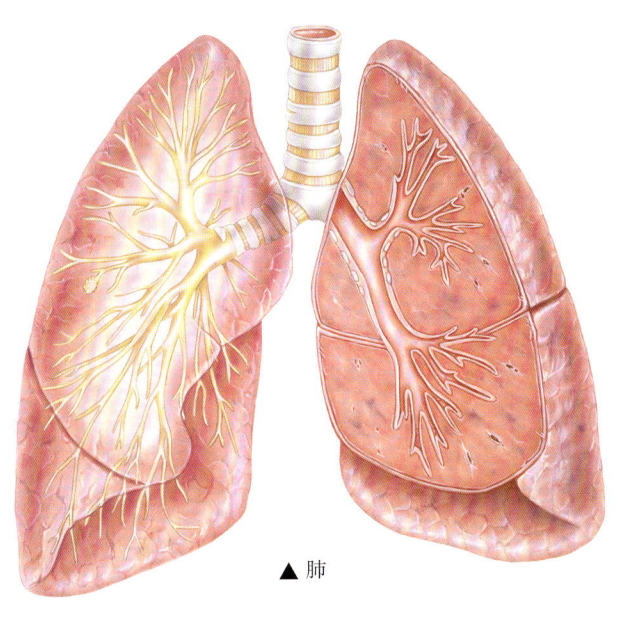
▲ 肺

肺

肺负责气体交换,分为不相通的两部分,左肺有两叶、右肺有三叶。气体主要在肺泡内完成交换。

呼吸系统疾病

呼吸系统常见的疾病有肺炎、气管炎、支气管炎和呼吸道感染,主要表现为咳嗽、胸痛、呼吸困难,疾病严重时甚至会呼吸衰竭致死。污浊的空气是导致此类疾病的直接原因。

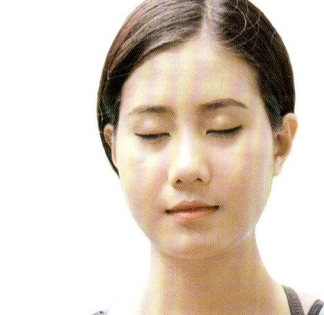
▶ 咳嗽

气管网通道

肺里密布着由支气管组成的树状空气通道。首先,气管分成两条支气管,进入左右肺,之后每条支气管继续分支,形成成千上万条细微的小支气管。

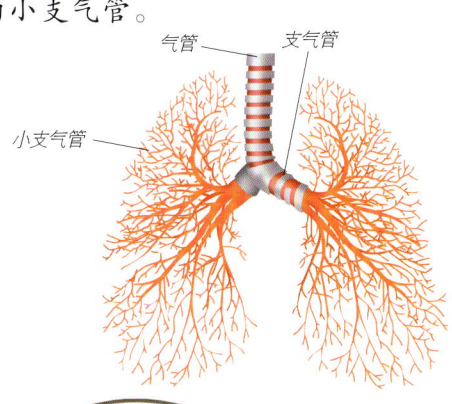

气管　支气管
小支气管

▶ 瑜伽深呼吸

深呼吸

经常做深呼吸对人体有极大的好处,它不但可以锻炼肺部的呼吸能力,增强肺的活力,还可以向身体提供充足的氧气。

消化与吸收

食物进入人体后，必须通过"加工"，其中的营养物质才能被人体吸收。完成这项工作的是消化系统。消化系统由消化道和消化腺组成，是负责消化和吸收的器官。

消化系统

食物从进入口腔到成为人体代谢的废物，与未消化的食物残渣一起排出体外，才算是一个完整的消化过程，而这个过程都由消化系统完成。

消化道和消化腺

消化道包括口腔、咽、食道、胃、小肠和大肠等部位；消化腺分为以唾液腺和胰、肝为主的大消化腺，以及散布在消化道各部位管壁内的小消化腺。

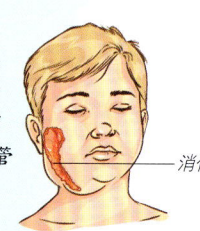

口腔与食道

食物进入人体先要在口腔内经牙齿咀嚼加工，然后经过连接咽喉和胃的食道，由食道通过缓慢蠕动将食物送入胃中。

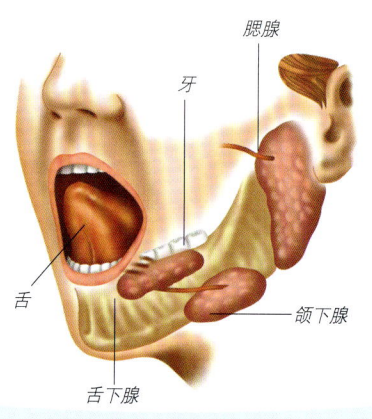

食物消化第1步：口腔加工。牙齿咀嚼，消化腺分泌消化液帮助将食物加工为团状

▲ 人的消化系统

消化车间

胃是消化系统的一个重要器官，位于腹腔上部，就像一个大口袋。食物从食道进入身体，就在这里进行粉碎和搅拌。

被撑大的胃

人的胃富有弹性，餐后和空腹时，胃的大小都不同。如果每餐吃得太多，久而久之胃壁会变薄，胃变得松弛，也就是所谓的胃被撑大了，这种改变会影响到胃的正常功能。

▶ 胃的模型

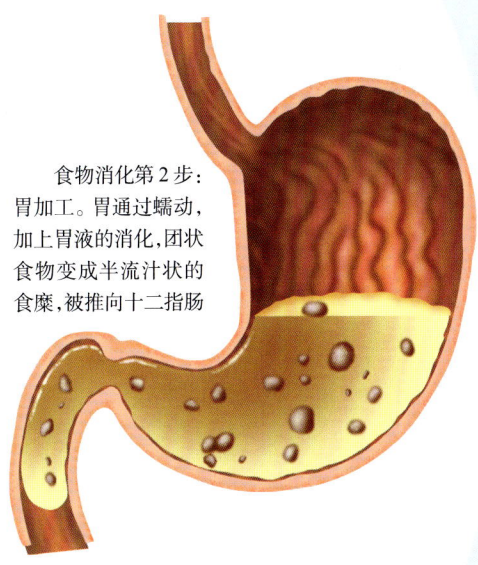

食物消化第2步：胃加工。胃通过蠕动，加上胃液的消化，团状食物变成半流汁状的食糜，被推向十二指肠

吸收车间

肠道是人体最大的消化器官，盘附在人体腹腔内。在这个长长的消化管道中，所有对人体有益的营养物质都被吸收，而不能利用的部分则被及时排出人体。

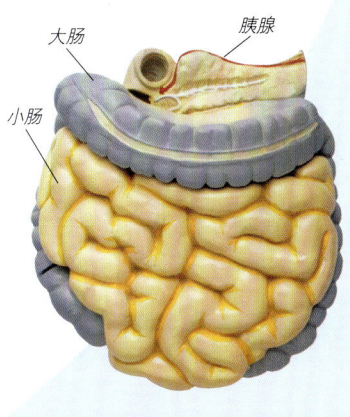

大肠　胰腺　小肠

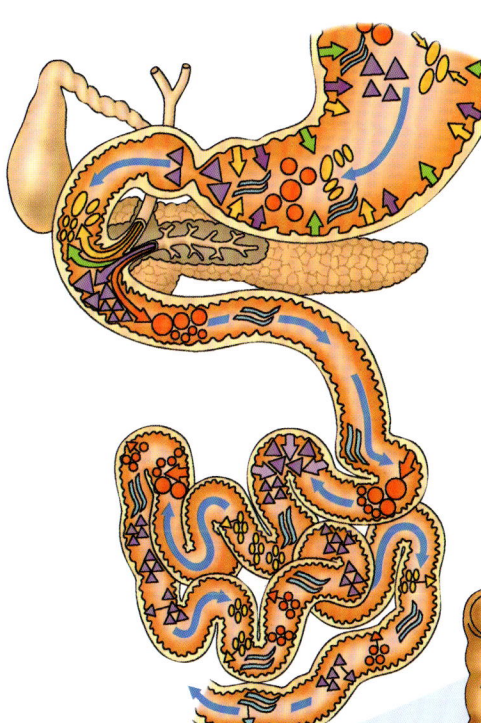

食物消化第3步：小肠吸收。食物进入小肠的十二指肠，胆汁、胰液加入进来。经小肠分解食物中的脂肪、蛋白质和糖后进行吸收，最后只剩下不能消化的食物残渣进入大肠。这时，消化过程基本完成

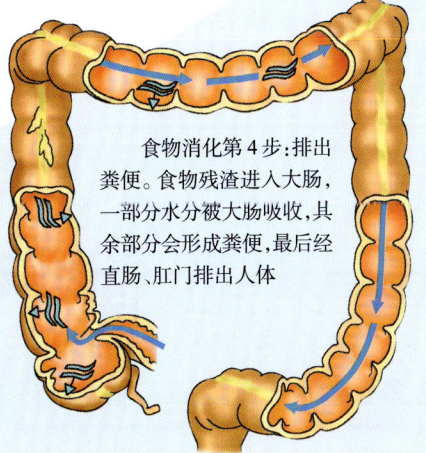

食物消化第4步：排出粪便。食物残渣进入大肠，一部分水分被大肠吸收，其余部分会形成粪便，最后经直肠、肛门排出人体

大肠组成

大肠由盲肠、阑尾和结肠、直肠、肛管组成，是人体消化道的下段。它的口径较粗，肠壁较薄，如同一个方框围绕在空肠、回肠（连接空肠、盲肠的一段小肠）周围。

人体"下水道"

人体每天都会摄入大量的水分，这些水分全部都被身体吸收了吗？当然不是。人体没能利用的水分中，除了少量会以汗液形式排出外，其余都是通过泌尿系统排出体外的。因此，人们把泌尿系统比作人体自带的"下水道"是不是很有道理呢？

排尿原理

人体排尿有一定的规律，这是因为膀胱与尿道的连接处有一束肌肉，就像闸门的控制器一样，不需要排尿的时候，它们就紧缩起来，让尿液不流出来；需要排尿时开放，直至尿液排完。

泌尿系统

泌尿系统包括肾、输尿管、膀胱和尿道，它的主要使命是泌尿和排尿。人体尿液中不仅有水，还有溶于水中的代谢废物。

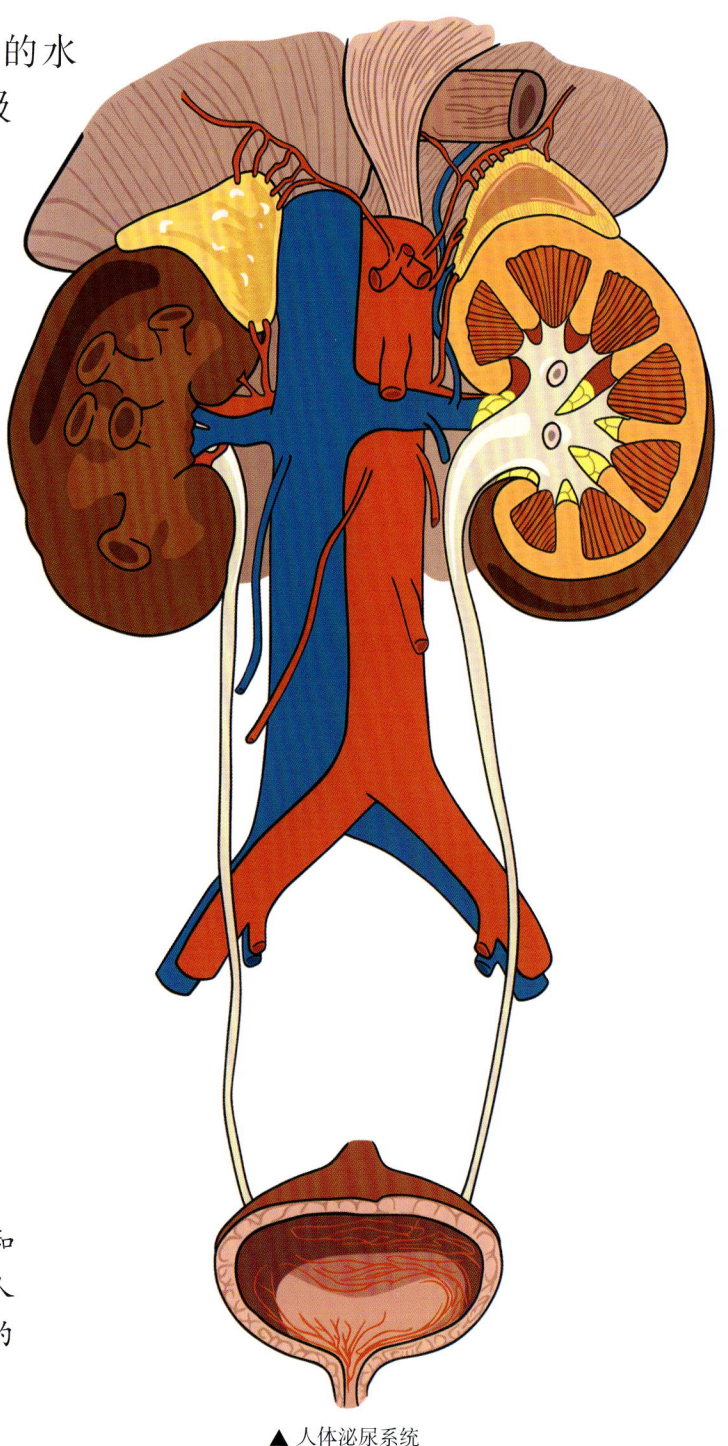

▲人体泌尿系统

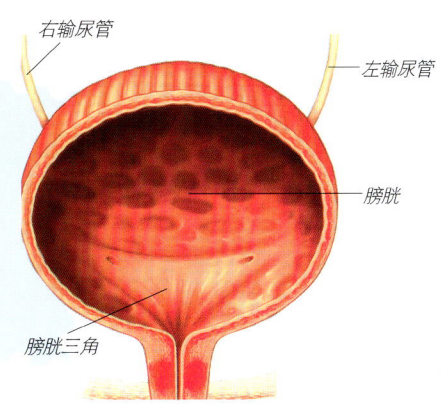

▲ 膀胱的结构示意图

膀胱三角

人体膀胱上部左右两边各连接着一条输尿管，与两个肾脏相接，膀胱底部的前方为尿道内口。于是，两个"进口"，一个"出口"，使膀胱形成了三角形，称为"膀胱三角"。

膀胱与排尿

膀胱是保存尿液的地方，尿液经肾脏过滤后通过输尿管进入膀胱。当膀胱内装满尿液时，柔软的膀胱壁就会扩张，提醒人们该排尿了。

人体"下水道"

我们身体里有两个肾，肾脏是泌尿系统中的重要器官。在这里，血液中的尿素等代谢废物会溶入到人体多余的水分中，形成尿液。尿液进入肾盂后，再经输尿管进入膀胱，最后经由尿道排出人体。

憋尿的危害

当我们的身体提醒我们要排出尿液的时候，无论有多么重要的事情，都不要憋尿，因为憋尿会给膀胱带来沉重的负担，时间久了就会出问题的。

▼ 憋尿

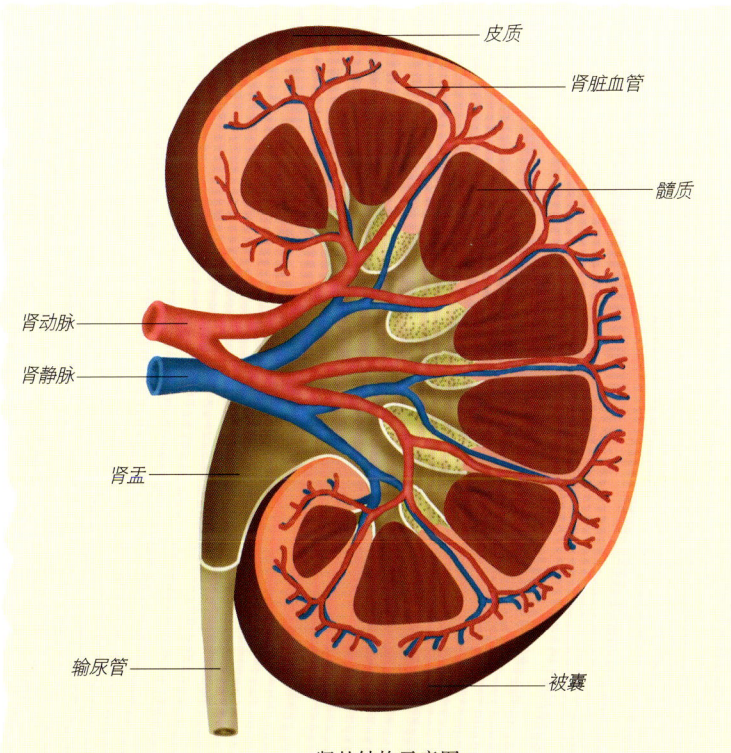

▲ 肾的结构示意图

肾的结构

肾形似蚕豆，有左右两个，分别处于腰后部脊柱两侧。每个肾由大约100万个肾单位构成，每个肾单位又由一个肾小体和与它相连的肾小管组成。

人体支架

骨骼是人体的支架，有了骨骼，各种器官组织才能有所依附，我们的身体才能笔直挺拔。人的体内有许多骨头，它们通过关节相连接，在肌肉的共同作用下可以灵活自如地运动。

人体骨骼有多少

成人的身体是由206块不同的骨头构成的，它们分布在我们身体的每一个部分。有了这些骨骼，我们的身体才能组合在一起。

什么是骨髓

骨髓分为红骨髓和黄骨髓两种。红骨髓上布满了各种造血细胞，所以婴儿和儿童的骨中会有大量的红骨髓，以满足他们生长的需要。如果红骨髓出现问题，黄骨髓会转为红骨髓造血。

红骨髓
黄骨髓

人体骨骼有哪些

人类的骨骼分为五种形态：长骨、短骨、扁平骨、不规则骨和种子骨。长骨的长度远大于宽度，大部分的四肢骨都是长骨。

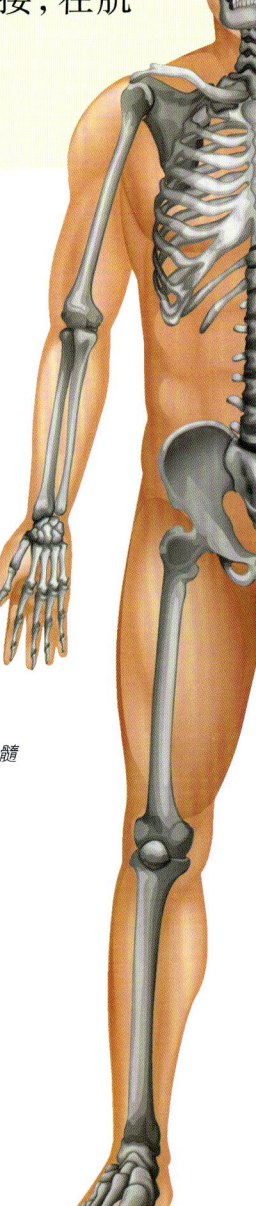

▲人的骨骼

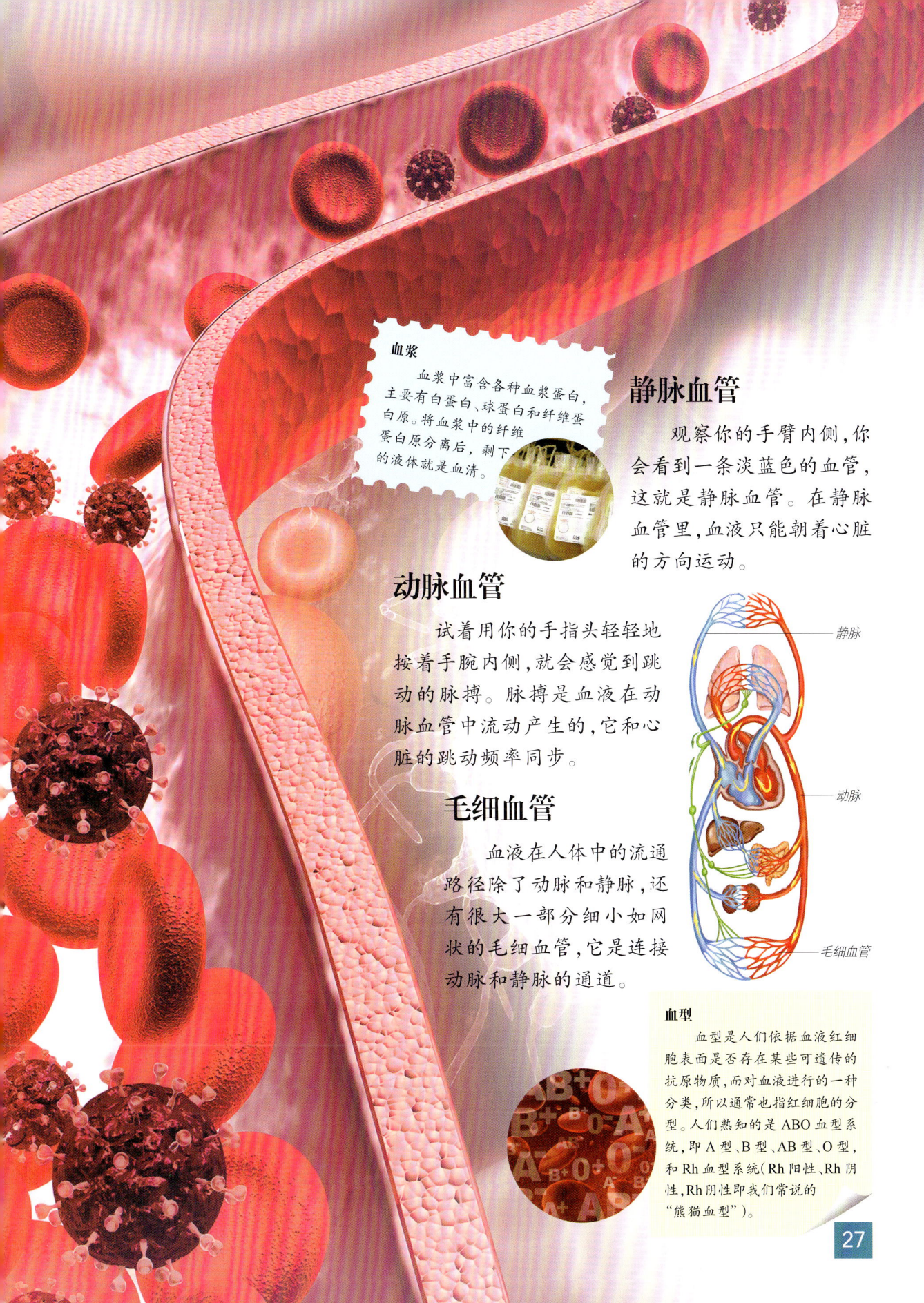

血浆

血浆中富含各种血浆蛋白，主要有白蛋白、球蛋白和纤维蛋白原。将血浆中的纤维蛋白原分离后，剩下的液体就是血清。

静脉血管

观察你的手臂内侧，你会看到一条淡蓝色的血管，这就是静脉血管。在静脉血管里，血液只能朝着心脏的方向运动。

动脉血管

试着用你的手指头轻轻地按着手腕内侧，就会感觉到跳动的脉搏。脉搏是血液在动脉血管中流动产生的，它和心脏的跳动频率同步。

毛细血管

血液在人体中的流通路径除了动脉和静脉，还有很大一部分细小如网状的毛细血管，它是连接动脉和静脉的通道。

血型

血型是人们依据血液红细胞表面是否存在某些可遗传的抗原物质，而对血液进行的一种分类，所以通常也指红细胞的分型。人们熟知的是ABO血型系统，即A型、B型、AB型、O型，和Rh血型系统（Rh阳性、Rh阴性，Rh阴性即我们常说的"熊猫血型"）。

皮肤和毛发

皮肤覆盖在我们身体的表面,是人体抵御外界环境的第一道防线,所以对人体来说极为重要。皮肤上还有很多附着物,包括指甲以及头发等毛发物质。

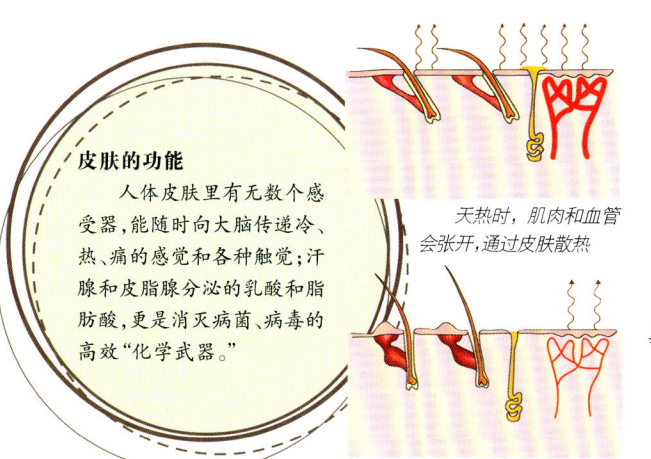

皮肤的功能

人体皮肤里有无数个感受器,能随时向大脑传递冷、热、痛的感觉和各种触觉;汗腺和皮脂腺分泌的乳酸和脂肪酸,更是消灭病菌、病毒的高效"化学武器。"

天热时,肌肉和血管会张开,通过皮肤散热

天冷时,肌肉和血管会紧缩,通过皮肤阻止热量流失

皮肤的结构

皮肤一共有三层,最外面的是表皮,最里面的是皮下组织,夹在中间的是真皮。皮下组织里血管和神经相互交错,真皮中间覆盖有两层血管网。

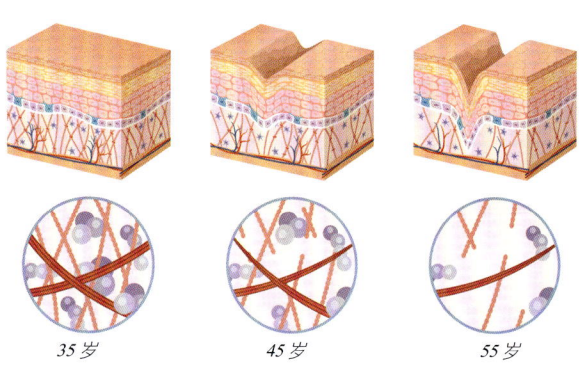

35岁　　45岁　　55岁

▲ 不同年龄的皮肤表皮

皮肤的表皮

表皮最外面是一层角质化的细胞层,里面是不断产生的细胞。这些细胞最后会角质化,补充在皮肤表面,所以表皮是在不断生长的。

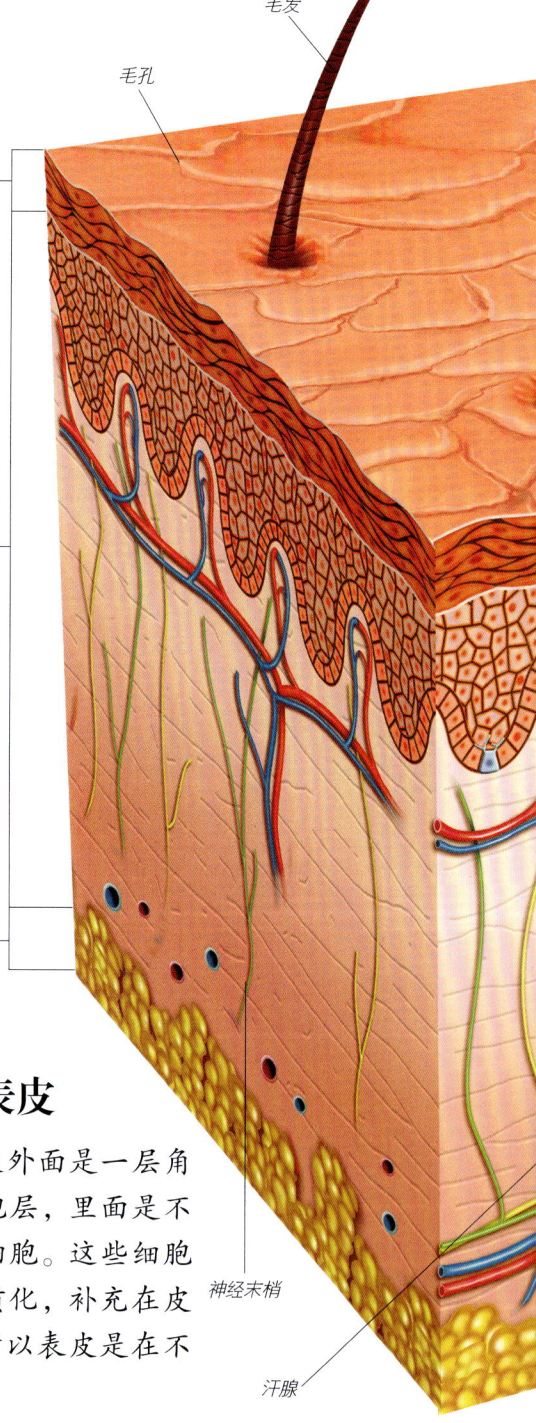

皮肤自愈

如果我们不小心划伤皮肤的话，皮肤中的毛细血管就会被破坏。但是皮肤的自愈能力很强，它会慢慢恢复，不过很可能会留下疤痕。

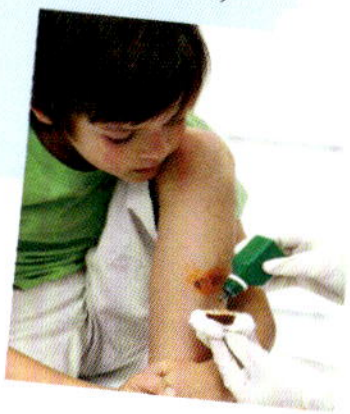

▶ 用碘酒给受伤的皮肤消毒

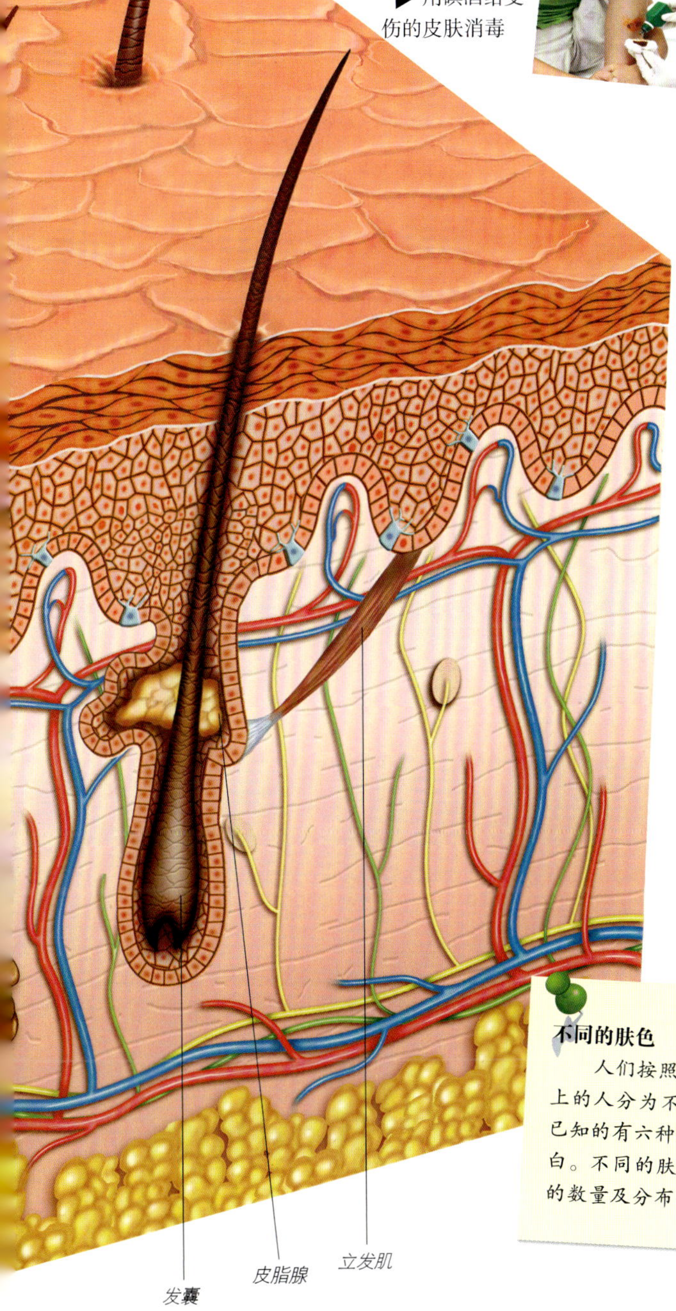

头发

头发是我们人体生长速度最快的毛发。寒冷的时候，头发可以阻止头部热量散失；炎热的时候，它可以抵挡阳光，避免头部的温度过高。

▶ 梳头发

指甲

指甲也是由角质构成的，指甲像盾牌一样，能保护末节指腹免受损伤，可以增强指头对触觉的敏感性。

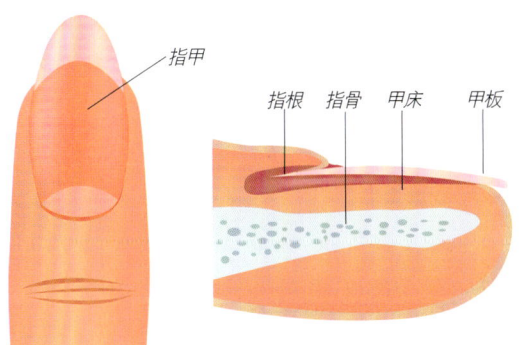

▲ 指甲的结构示意图

发囊　皮脂腺　立发肌

不同的肤色

人们按照皮肤颜色的不同，将世界上的人分为不同的人种。人类的皮肤已知的有六种颜色：红、黄、棕、蓝、黑和白。不同的肤色是因为皮肤内黑色素的数量及分布情况不同造成的。

▶ 不同肤色的人

"眼耳口鼻"各有用

眼睛、耳朵、鼻子和嘴巴承担了人体感官的绝大部分功能。眼睛使我们能清晰地看到多彩的世界；耳朵使我们能听到各种声音；鼻子和嘴巴则让我们感受到了种种气味与滋味。

耳鸣

耳鸣是人在没有任何外界刺激条件下所产生的异常的声音感觉。感觉耳内有蝉鸣声、嗡嗡声等。这是一种主观感觉，它可以短暂或持续性存在，但严重时也会影响到人的正常生活。

◀ 耳鸣

视网膜　玻璃体　晶状体　角膜　视神经　瞳孔　虹膜

人体"照相机"

人体所接收的客观世界的信息，大部分是通过眼睛看到的。眼睛不仅仅是"照相机"，还是播放信息的"电视机"，是一台十分复杂的"精密仪器"。

身体里的"收音机"

耳朵是我们感知外界声音的重要器官，它的构造很复杂，我们能看到的一部分仅仅是耳郭，真正接收声音的部分在耳朵内部。

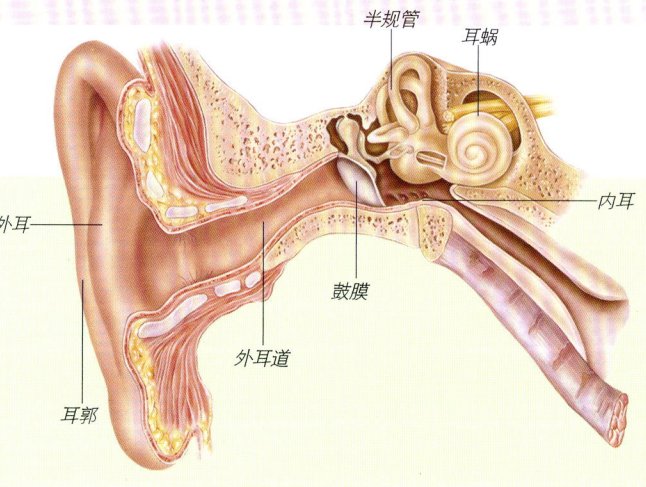

半规管　耳蜗　外耳　内耳　鼓膜　外耳道　耳郭

嗅觉的变化

嗅觉在人的成长过程中，会随着年龄的增长发生变化。婴儿出生时已经有了完整的嗅觉反应，人类步入中老年以后，鼻子辨别各种气味的能力会随年龄的增长而衰退。

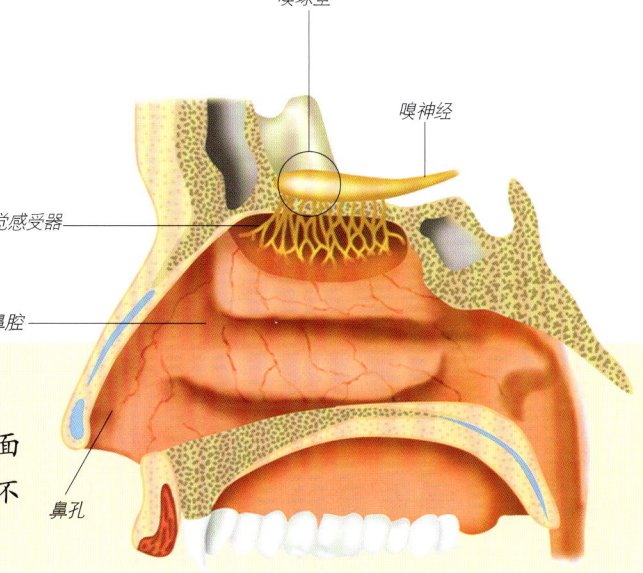

重要的鼻子

鼻子位于我们整个脸部的中央，将整个面部分为对称的两部分。没有鼻子，我们就不能呼吸空气，也无法察觉燃气泄漏等危险。

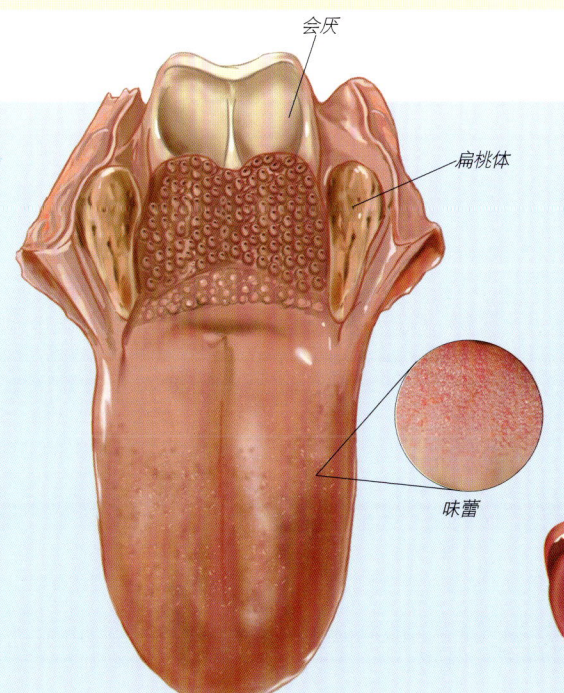

舌头的作用

口腔的感官功能为味觉，主要通过舌头来实现。舌头上覆盖着的味蕾是人体的味觉感受器，它们能感受到很多味道。

不同位置的味觉

我们的舌头能感受各种味道，但事实上舌头的不同位置感受到的味道是完全不同的。比如舌尖对甜味最敏感；舌根很容易感受到苦味；舌头两侧则很容易受到酸味的刺激。

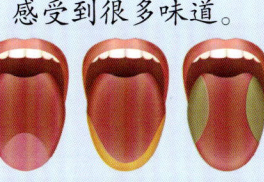

甜味　盐味　酸味　苦味　鲜味

手和脚

很久以前，人类的双手和双脚的功能几乎差不多。后来经过不断的进化，我们的双手被解放出来，变得越来越灵活；双脚越来越有力，可以支撑起我们的整个身体，让我们去任何想去的地方。

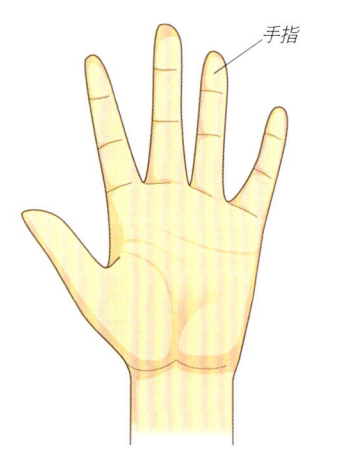
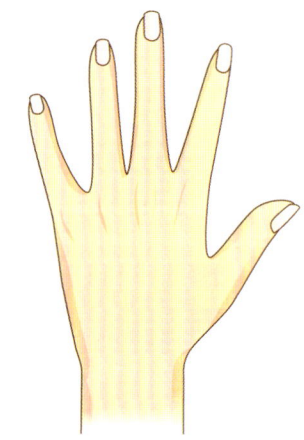

手指

手指与脚趾

我们的手有五个指头，脚有五个脚趾。不仅我们人类如此，其他灵长类动物也是这样，但人类的手脚要灵活得多。

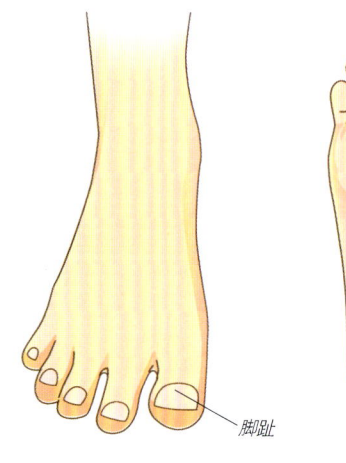
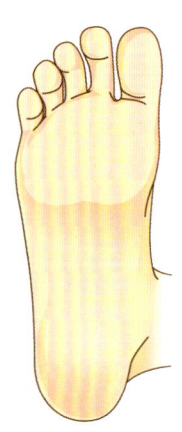

指关节

脚趾

指纹

我们每个手指内侧顶部都分布着一圈圈细密有致的纹理，这就是指纹。每个人的指纹都不一样，而且终生不会变化，所以警察经常以犯罪现场留下的指纹作为线索来寻找罪犯。

▲ 不同的指纹

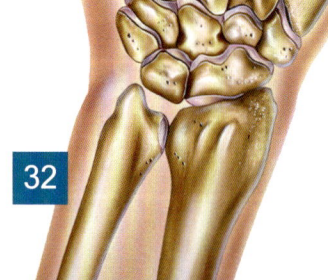

手指关节

观察一下你的手指你会发现：每根手指都有两个指关节，但大拇指却是个例外，它只有一个关节。虽然大拇指比其他手指少了一个关节，但是丝毫没有影响到它的活动。

32

脚的结构

脚是支撑人体的重要部位，也是人行走活动的工具，它的结构可不简单。每一只脚都以骨头为支架，包裹有肌肉和韧带，上面还布满大量神经与血管。

胎儿的手

人类胚胎发育到 5 周左右时，手就已经出现。11 周时，胚胎发育为胎儿，他/她的手关节、肌肉甚至指甲也基本发育完全。20 周左右的胎儿，甚至都能在妈妈肚子里用手指给自己挠耳朵。

左右脚的力量

平时走路的时候，我们左脚和右脚蹬地的力量大小并不是完全相同的。多数人走路时左脚的力量往往更大，这是因为左腿起着人体主轴的作用。

手势

手不仅能帮我们完成各种动作，有时还能成为一种语言，帮助我们表达自己。

人体"防护墙"

我们的身体并不是脆弱可欺的。当疾病来临时,我们体内的免疫系统会迅速组织成一支精锐部队,和这些病害做斗争,最终将它们赶出我们的身体,还我们一个健康的体魄。

特殊情况

一般情况下,人体的免疫系统是"敌我"分明的,但当细胞衰残、癌变时,也可能把某些自身成分当成是有害物质从而产生免疫反应,这样会对人体不利。

免疫系统

人体免疫系统由骨髓、淋巴结、扁桃体等免疫器官,以及淋巴细胞等免疫细胞和一些免疫活性物质组成,是人体与生俱来的抵御外界病菌入侵的"防护墙"。它们的任务是制造和生产免疫细胞。

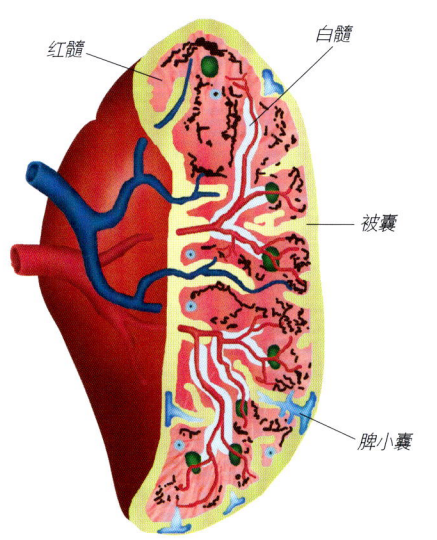

▲ 脾脏的结构示意图

◀ 人的免疫系统

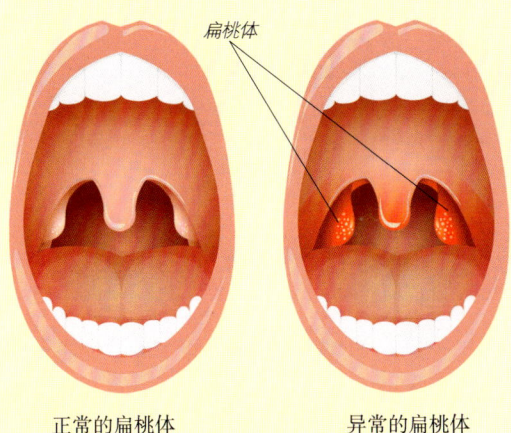

正常的扁桃体　　　异常的扁桃体

扁桃体

长期以来,扁桃体对人体的作用因没能得到足够重视而时常被轻易割除。但是近年来研究显示,扁桃体在保护上呼吸道方面的作用非常重要。

后天免疫

人体的免疫功能是先天的,但人体后天也可以获得某些方面的免疫功能。比如得过水痘,以后就不会再得水痘,而人工疫苗则是以人工方式帮助我们获得某些免疫功能。

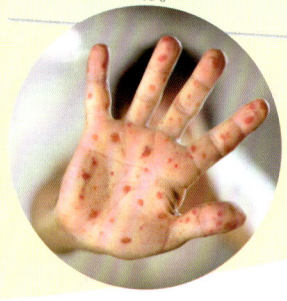

◀ 水痘

免疫细胞

免疫细胞俗称白细胞,有很多种类,比如淋巴细胞、吞噬细胞等。当人体受到病毒或细菌感染时,血液中的免疫细胞就会出现异常,这也是医生通过血常规的结果来判断病情的原因所在。

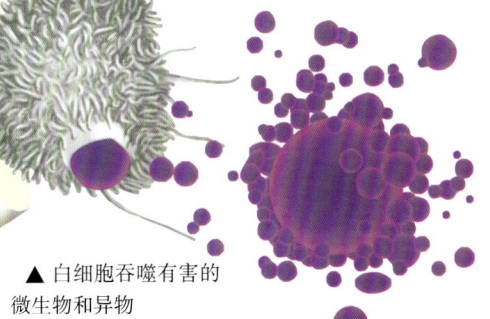

▲ 白细胞吞噬有害的微生物和异物

合理饮食

研究证实,适当的营养可强化免疫系统的功能。也就是说,影响免疫系统强弱的关键,主要在于搭配平衡的营养;不均衡的营养会使免疫细胞功能减弱。

人体所需的营养物质

人要生存，就必须有源源不断的营养物质及时补充进体内。食物的成分主要有糖类、脂类、蛋白质、维生素、无机盐、水和微量元素等，它们共同构成了人体所需的营养物质。

蛋白质

蛋白质是人类赖以生存的基础营养素，它最主要的作用是促进生长发育和新陈代谢。如果人体蛋白质摄入不足，很容易引发疾病。

脂肪

脂肪是人体含量最多的脂类物质，也是人体内储藏能量的主要物质。此外，脂肪还有保护内脏器官、维持体温恒定的作用。

维生素

维生素是人体生长发育必不可少的营养物质，缺少维生素的小朋友往往更容易生病。我们日常食用的各种蔬菜、瓜果中就含有丰富的维生素，合理膳食能补充日常所需的维生素。

糖类

糖类又叫碳水化合物，是促进人体生长发育和新陈代谢的重要物质。人体每个细胞的活动都少不了糖类物质的参与。

无机盐

无机盐在细胞、人体中的含量很低，但是作用非常大。多吃糙米、玉米等粗粮，避免过多食用精细食物，能帮助体内的无机盐维持正常的水平。

▲ 玉米

▶ 在日常生活中，多喝水有利于我们的身体健康

重要的水

对于人来说，水是仅次于氧气的重要物质，一个成人身体的质量，一半多来自于水。如果一个人不喝水，不到一周的时间就有可能死亡。

86%	75%	65%	55%	50%
0~1岁	5~14岁	20~35岁	40~50岁	60~80岁

▲ 水在人体中的比例（不同年龄阶段）

微量元素

微量元素是人体中含量较少的元素，缺乏微量元素的小朋友会表现出不同的异常，比如缺锌可能会有厌食现象；缺铁可能会导致缺铁性贫血等疾病发生。

人为什么会生病

小朋友感冒咳嗽去医院,医生首先会让小朋友去抽血化验。化验起什么作用呢?化验其实就是对我们身体血液中的各种细胞的数量作分析判断,看这些细胞的增殖是不是出现了异常。如果有异常,那就是生病了。

秩序被打乱

我们的身体就像一个国家的军队,组成军队的成员就是各种各样、不同种类的细胞。平时细胞都是整齐有序地工作着,如果生病,秩序就会被打乱。

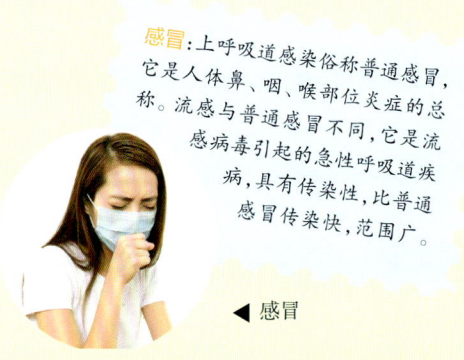

感冒:上呼吸道感染俗称普通感冒,它是人体鼻、咽、喉部位炎症的总称。流感与普通感冒不同,它是流感病毒引起的急性呼吸道疾病,具有传染性,比普通感冒传染快,范围广。

◀ 感冒

生病的原因

生病就是正常的身体功能出现了异常,这种异常可能由自身原因引起,比如细胞异常病变引发癌症;也可能由外部原因引起,比如细菌、病毒感染。

疾病分类

疾病分传染性疾病和非传染性疾病。传染性疾病一般会通过空气、水等途径,将致病病菌由病体传染给其他人;非传染性疾病一般不会传染给其他人。

▶ 显微镜下手上的细菌

◀ 身体不适

心理疾病

以前人们常觉得心理疾病不是病，但随着医学的发展，人们发现心理问题也会引起人生理上的改变，从而才有了心理疾病的说法。

为什么会有心理疾病

长期过度的紧张、恐惧，特殊事件对人产生强大的刺激等，都有可能引发人的心理问题。当心理问题没能得到及时疏解，负面的想法长期聚积，心理问题就会演变为心理疾病。

▲ 心理疾病

▼ 医生正在为生病的老人测量血压

疾病发展规律

人生病都有一个从无到有、由轻到重的发展过程，很多时候身体某一个部位发生病变常常还会使人整个身体产生反应。

治疗疾病

生病后及时治疗，我们的身体才能保持健康。医生根据症状寻根溯源找到病因，才能对症下药。有的小病虽然可以自愈，但大多数情况下，生病了我们最好还是到医院找医生帮忙。

▲ 咳嗽

症状

咳嗽、发烧本身不是病，而是我们身体内部出现异常所表现出来的一种外在反应，也叫症状。找到咳嗽、发烧的病因，才是治病的根本。

◀ 测量体温

以毒攻毒

人们常说"是药三分毒"，因为每种药物几乎都会有副作用，用药物治病其实就是"以毒攻毒"。当然，这种毒是对致病病菌有害，对人体的伤害则小得多。

病因

一种症状出现，背后的病因可能不止一种。比如咳嗽有可能是气管受外界刺激、过敏引起；也可能是气管受病毒、细菌感染发炎导致；还可能是不小心吸入了异物所致；等等。

求助于医生

虽然我们生病之后，有些疾病可能不用吃药也能自愈，但更多的疾病还是需要我们求助于专业的医生才能治愈。

◀ 医生问诊

打点滴

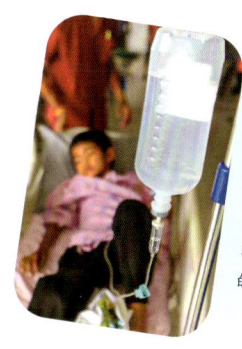

打点滴就是输液，俗称"挂吊瓶"。这是把治疗用的药水通过人体静脉注入血液中，经过血液循环让药物在人体内发生作用的治疗方式。一般情况下，打点滴的用药剂量会比较大。

药物治疗

生病要吃药是生活常识，因为药物往往能更有效地抑制甚至杀死我们身体内的致病病菌，从而让身体恢复健康。

▶ 吃药

手术治疗

有的时候，疾病比较严重，病菌已经侵入到器官组织内部，甚至导致这部分器官发生严重病变并危及到人的健康，甚至生命安全时，医生就会建议通过手术的方法对病灶进行切除或治疗，这属于手术治疗。

41

接种疫苗

身体一旦患病，我们的生活会受到很大的影响。但是很多疾病是可以提早预防的，尤其是一些传染性很强的疾病，我们可以通过接种疫苗来预防。

打疫苗

打疫苗俗称"打预防针"，就是将疫苗接种到人体内，使机体产生免疫力的一种防治微生物感染的措施。例如，注射狂犬病疫苗等。

免疫力

免疫力是人体抵抗外来病菌和微生物的能力。先天免疫力是人体的基础免疫力，具有可遗传性；而后天免疫力的最大特点是只针对特定病原。

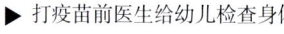
▶ 打疫苗前医生给幼儿检查身体

疫苗种类

疫苗的种类非常繁多，每个人都要接受多次的免疫接种，如乙肝疫苗、卡介苗、口服脊髓灰质炎疫苗等。

◀ 医生为孩子注射疫苗

疫苗反应

进行疫苗接种后，有的人可能在接种部位发生轻度的红、肿、热、痛的炎症反应，有的人还可能出现发热、头晕、乏力等反应。

◀ 医生为生病的孩子检查身体

免疫力降低

当人体免疫系统由于各种原因不能正常发挥保护作用时，我们的身体就会轻易被细菌、病毒、真菌等感染，从而使我们的免疫力降低。免疫力降低最直接的表现就是容易生病。

▶ 病毒入侵人体

去医院看病

万一不幸染上有些疾病，及时就医是最明智的方法。医生可以运用他们的专业知识，利用先进仪器，监测并控制病情的恶化，帮助我们尽早康复。

▼ 医生给病人看 CT 片

图书在版编目（CIP）数据

我的第一套视觉百科. 人体 / 张功学主编. -- 西安：未来出版社，2017.12（2023.4 重印）
ISBN 978-7-5417-6374-8

Ⅰ. ①我… Ⅱ. ①张… Ⅲ. ①科学知识—少儿读物②人体—少儿读物 Ⅳ. ①Z228.1②R32-49

中国版本图书馆 CIP 数据核字（2017）第 317275 号

我的第一套视觉百科（精装）
WO DE DIYI TAO SHIJUE BAIKE

人体
RENTI

主　　编	张功学
丛书统筹	魏广振
责任编辑	杨雅晖
美术编辑	许　歌
出版发行	未来出版社发行
地　　址	西安市雁塔区登高路 1388 号　邮编：710082
电　　话	029-89122853
开　　本	889 mm×1194 mm　1/16
印　　张	3.5
字　　数	60 千
印　　刷	万卷书坊印刷（天津）有限公司
版　　次	2018 年 4 月第 1 版
印　　次	2023 年 4 月第 3 次印刷
书　　号	ISBN 978-7-5417-6374-8
定　　价	39.80 元

版权所有　侵权必究